Maridos Responsables

Esposas Sumisas

Todo por la gloria de Dios

Maridos Responsables
Esposas Sumisas

Todo por la gloria de Dios

Por
Rosita Hunter

Publicado por
Eagles Word Christian Publisher
New York

Copyright © 2018 por Rosita Hunter
Todos los derechos reservados. Ninguna parte de este libro puede ser reproducida, escaneada o distribuida en ninguna forma impresa o electrónica sin permiso.
Primera edición: Noviembre de 2018
Impreso en los Estados Unidos de América
ISBN: 978-1-7322193-8-0

DEDICACIÓN

A mi marido Tony
quien me animó a poner mi pasión en el
papel, y es un buen ejemplo de ser un
hombre responsable para nuestros hijos
Letrelle y Terrence

Prefacio

En este libro *Maridos Responsables, Esposas Sumisas*, la autora demuestra la esencia de ser un marido responsable, y lo que significa ser una esposa sumisa. Ella usa los textos bíblicos, así como situaciones cotidianas para resaltar su posición con respecto a lo que constituye los matrimonios saludables y no saludables.

Mi opinión es que este libro debe estar en cada estantería; y también puede ser utilizado como una fuente muy eficaz en los talleres y las sesiones de consejería. De hecho, ayudará a crear matrimonios espirituales, exitosos según el plan y propósito de Dios.

Carolyn T. Carrington,
Anciana
LLAMA 3:2 Iglesia, Norfolk, Virginia

TABLA DE CONTENIDO

Introducción

Capítulo 1 Finanzas 1

Capítulo 2. Fidelidad 3

Capítulo 3. Buenos Maridos vs
                      Maridos Responsables 6

Capítulo 4. Esposas sumisas 10

Capítulo 5. Cómo Dios obtiene la gloria 18

Introducción

Cuando escuchamos la palabra responsable ¿qué te viene a la? La rendición de cuentas es algo más que una palabra: es una actitud, es un estilo de vida. Un hombre no es nada si no es responsable de sus actos. Dios llama a los esposos a ser responsables, no sólo para él sino también para sus esposas y familiares. Los maridos responsables crían hijos responsables y hacen que otros hombres sean responsables de sus acciones. Los hombres responsables son honestos, no sólo con palabras, sino también en acciones. Se llevan uno al otro a niveles de vida más altos.

La Biblia nos dice que el hombre es la cabeza de su hogar. Esto no significa que esté deba humillar o intimidar a su familia o ser señor sobre ellos. Simplemente significa que el marido es el único a quien la familia debe buscar orientación; él es su protector, el hombro para que su esposa se apoye, la disciplina de sus hijos y el proveedor para su familia. Él debe honrar a Dios ***primero***, y al hacerlo, su familia lo seguirá conforme él los lleve de la manera que Dios manda. En resumen, un hombre responsable es un hombre piadoso que guía a su familia en la forma en que Dios le instruye a guiarlos. Él toma la instrucción y da instrucciones, no para su propia gloria, sino para la gloria de Dios.

Capítulo 1

Finanzas

Parte de ser un marido responsable es saber cómo resistir a la tentación de cualquier tipo. Cualquier cosa que una persona anhele más que a Dios o su familia es una tentación. Por eso es tan fácil caer en la trampa de los juegos de azar y la infidelidad. En ambos instrumentos se hace un llamamiento al lado del ego del hombre que necesita una sacudida.

La responsabilidad financiera dentro de un matrimonio es una parte enorme de la responsabilidad del marido. Si el dinero es tu pasión y siempre sientes la necesidad de tener más, entonces es fácil ver cómo los juegos de azar podrían atraerte. Cuanto más dinero tengas, más será el anhelo dentro de ti que te dirá que no es suficiente. Te encontrarás atraído a un simple juego de cartas primero y, conforme el anhelo aumente también lo harán los riesgos que empieces a tomar. Después te gradúas hacia juegos de mayores apuestas, y antes de que te des cuenta, habrás perdido el control de la situación y de ti mismo. Como un esposo ahora habrás puesto en peligro la estabilidad financiera de tu familia. Un hombre que es irresponsable con las finanzas de su hogar hace una injusticia para su familia. La Biblia nos dice en Eclesiastés 5:10 "El que ama el dinero nunca tiene suficiente; quien ama las riquezas nunca está satisfecho con sus ingresos".

Si no se puede confiar en el hombre de la casa de ser responsable con las finanzas de la casa, ¿cómo puede enseñar a sus hijos, especialmente a sus hijos, cómo hacer esto? Se dice que la mayoría de las personas aprenden observando y sabemos que nuestros hijos nos miran de cerca y tienden a imitar lo que hacemos más que escuchar lo que decimos. Un hombre responsable debe querer que sus hijos vean que se preocupa lo suficiente acerca de su futuro, no sólo de criarlos para ser adultos, sino también de criarlos como futuros padres. Él quiere crear un legado que les diga que ellos son su máxima preocupación y cuando miran hacia atrás en su tiempo bajo su orientación querrán construir sobre lo que él les ha enseñado. Esto es lo que hace esposa financieramente responsable que es esta moldeando futura generación financieramente responsable.

Capítulo 2

Fidelidad

Preguntale a un hombre qué es la infidelidad y la mayoría responderá que es el acto de ser íntimo con alguien que no sea su cónyuge. Pero ¿adivinen qué? Es un poco menos pretencioso que eso. Simplemente mirar a alguien y admirar su atractivo no es un acto de infidelidad, pero cuando una persona toma esa misma mirada y lo convierte en un deseo de más, entonces eso demostraría la infidelidad.

La tentación de estar con alguien más aparte del cónyuge ha existido durante siglos. Ninguna excusa que una persona pueda dar justificará ceder a esa tentación. Nuevamente, se trata de no estar satisfechos con lo que tienen y querer más. Un esposo responsable entiende que estas tentaciones existen, pero en lugar de caer en ellas recuerda que hay una mujer en la casa, a quien prometió a Dios que adoraría hasta la muerte. La belleza se desvanece, los órganos envejecen, y siempre habrá alguien que despierte tu imaginación fuera del hogar. ¿Sabes por qué es eso? Es porque tú y esa persona no tienen responsabilidades juntos. Se siente bien ¡Por el momento! ¿Pero qué hay de la caída cuando es descubierto?

Incluso si un hombre deja (se divorcia) de su esposa y se casa con otra, él todavía ha cometido una infidelidad contra ella. Mateo 19:9 dice "*Quien divorcie a su mujer, excepto por inmoralidad sexual (de parte de ella), y se case con otro, comete adulterio (infidelidad)*". Y, después, Hebreos 13:4 nos dice "*El matrimonio debe ser honrado por todos, y la cama de matrimonio mantenerse pura, Dios juzgará a los adúlteros y a todos los sexualmente inmorales*". Tú no puedes mantener el matrimonio puro si estás involucrado con alguien más. Esto no se está refiriendo a la cama de matrimonio físico sino a la cama que es tu matrimonio. ¡Todo lo que se siente bien para ti no es bueno para ti!

Como esposo debes dar un paso atrás y preguntarte si vale la pena el riesgo de perder todo lo que has construido en la casa. ¿Quieres enseñar a tus hijos a no respetar a su madre porque tú no lo haces? Recuerda que los niños aprenden sobre lo que ven. ¿Deseas que tus hijas se dejen llevar por hombres que no las respetan? ¿Quieres que tus hijos piensen que es bueno estar casado pero tener a amantes por un lado porque eso es lo que tú hiciste? Se trata de volver a ese legado de nuevo. ¿Cómo puedes criar a hombres responsables a menos que tú mismo seas un hombre responsable?

La infidelidad puede destruir un matrimonio en la mayoría de las circunstancias. Pero también puede ser una llamada de atención a un matrimonio y después ese matrimonio seguir siendo más fuerte que nunca. Debes preguntarte si ese es un riesgo que estás dispuesto a asumir. La decisión de hacer lo correcto nunca es fácil, pero un esposo responsable sabe que con Dios todas las cosas son posibles; por lo tanto, se arma para la batalla y lucha contra la tentación. En honor a su matrimonio, honra a Dios.

Capítulo 3

Buenos Maridos vs. Maridos Responsables

- ❖ Los buenos maridos a veces hacen malas elecciones y, sin embargo, siguen adelante. Los maridos responsables reconocen sus errores y hacen avances para corregirlos.

- ❖ Los buenos maridos construyen imperios. Los maridos responsables construyen legados.

- ❖ Los buenos marido creen en el Dios. Los maridos responsables enseñan sobre Dios a la siguiente generación.

- ❖ Los buenos maridos aman a sus esposas. Los maridos responsables tienen el amor de sus esposas.

- ❖ Los buenos maridos van con el flujo. Los maridos responsables controlan el flujo.

- ❖ Los buenos maridos construyen casas. Los maridos ponen los cimientos.

- ❖ Los buenos maridos vienen y van. Los maridos responsables ponen una postura firma antes las pruebas.

- ❖ Los buenos maridos saben la diferencia. Los maridos *son* la diferencia.

Veamos algunos ejemplos.

Barry

Barry es dueño de una empresa textil y trabaja largas horas. A causa de esto, Barry está raramente en casa y gasta muy poco tiempo con su familia. Barry tiene una secretaria de nombre Susan quien ha trabajado para él durante los últimos 11 años. Susan y él han desarrollado una estrecha relación, pero Barry nunca ha cruzado la línea de empleado/empleador amistad con ella. Debido a que Barry casi nunca está en casa, su matrimonio de 20 años se ha convertido en distante y rocosa. Él y su esposa discuten un montón y no se miran a los ojos de mucho últimamente. Ha empezado a confiar en su secretaria y ellos se han vuelto cada vez más cercanos. Barry no busca formar una relación con ella pero le resulta más fácil encontrar razones para pasar más tiempo juntos. Él ama las conversaciones que tienen, y Susan parece estar disfrutando de su tiempo juntos.

A medida que pasa el tiempo, Barry le confiesa a Susan que él ha desarrollado sentimientos por ella y ella confirma que ella también tiene sentimientos por él. Se encuentra pensando en Susan cuando ella no está cerca; se apresura a trabajar en las mañanas, emocionado porque sabe que ella estará allí. Incluso se turnan para llevar café / desayuno o para invitarse a almorzar. Barry y Susan han comenzado un asunto del corazón. Aunque no tiene intención de dejar a su esposa, disfruta de la atención que está recibiendo de Susan. Muy pronto, Barry está planeando viajes de negocios con Susan y ha comenzado a resentirse con su esposa (sin embargo, no es culpa suya). El asunto del corazón ahora se ha convertido en un asunto en toda regla y él está a punto de necesitar defender su matrimonio o ceder a la tentación de abandonar su matrimonio de veinte años.

Piensa en esto:

- Si Barry toma la decisión de "hombre responsable" ¿Cómo sería?

- ¿Qué podría haber hecho de manera diferente Barry desde el principio?

- Bajo las normas bíblicas ¿cuándo Barry cometió su pecado? Fue cuando el asunto del corazón comenzó o fue cuando la verdadera aventura comenzó?

John

John está comprometido para casarse; pero está luchando con la idea de comprometerse con una sola mujer. No ha mencionado esta lucha a su prometida porque en el fondo él realmente quiere casarse con ella, simplemente no sabe si podría ser fiel. Juan es un hombre que ora y ora para que Dios le dé la fuerza para hacer lo correcto. John se está casando con una buena mujer y no quiere poner en peligro su futuro juntos comenzando sobre una base de mentiras y engaños.

Piensa en esto:

- ¿John debería hablar con su novia antes de la Boda y expresar lo que se siente?

- ¿Qué crese que pasaría si John sigue adelante y contrae matrimonio sin hablar con ella?

Teddy

Teddy y su esposa durante quince años han trabajado fuera de casa y han construido una vida muy cómoda juntos. Teddy decidió por un capricho invertir una gran suma de su dinero en algunas acciones sobre las que había recibido unas recomendaciones. No discutió de antemano el retiro y la inversión del dinero con su esposa porque sentía que estaba tomando una decisión que sería buena para su futuro.

Teddy no investigó a la empresa ni las acciones antes de hacer estos movimientos y, como resultado, la inversión no fue buena. Perdió el dinero que invirtió y no tenía forma de reemplazarlo. Ahora no sabe cómo le dirá a su esposa o qué impacto tendrán las decisiones que tomó en su matrimonio. Espera que su esposa entienda que sus intenciones fueron buenas y que solo estaba pensando en su futuro, pero también entiende que ella puede estar muy enojada con él. Él no quiere perderla. Teddy entiende que debería haber consultado con su esposa antes de tomar una decisión tan importante y reconoce su parte en el desastre que se ha creado debido a tal mala conducta.

Piensa en esto:

✧ ¿Qué escritura podría conultar Teddy antes de iniciar esta conversación con su esposa? ¿Por qué?

Capítulo 4

Esposas Sumisas.

La palabra "sumisión" o "sumisa" ha adquirido una connotación negativa que no era la intención de la Biblia. No significa ser consideradas como un siervo, un felpudo, o una esclava; esto simplemente significa que la esposa sigue el liderazgo de su esposo en la relación. Esto es orden bíblico. Esto no pretende hacer que una persona parezca débil o frágil.

Los cristianos están bajo la sumisión a Dios, pero no son considerados como siervos, sino hijos. ¿Por qué entonces se percibe negativamente la sumisión cuando se nos indica hacerlo en el matrimonio, como Dios ordenó?

La sumisión no depende de si el cónyuge de uno lo merece o no. Dios ha establecido un orden divino para que el hombre sea el jefe de su hogar/relación. Todos debemos funcionar dentro de los roles que él nos ha dado. ¿Por qué desearías que tu marido se sintiera como si fuera menos que un hombre por usurpar su papel en la familia? Nosotros no desafiamos la autoridad de Dios sobre nosotros, así que ¿por qué desafiamos a nuestros maridos - ¿especialmente si son buenos hombres piadosos?

Primero, la mujer debe confiar en Dios y saber que el hombre que Él le ha dado no haría nada para interrumpir el vínculo entre ellos. Esto no significa que la mujer no tenga derecho a considerar las decisiones que afectan a la familia. Un matrimonio saludable es aquel en el que ambas partes operan en equipo y discuten las situaciones que surgen. Sin embargo, como es el caso en cualquier campo, si no se puede llegar a un acuerdo mutuo, el líder (esposo) debe tomar la decisión.- pero debe darse cuenta al hacerlo de que es responsable ante Dios.

Jesús y Dios son uno, sin embargo, él se sometió a la voluntad de Dios. Al hacerlo, no disminuye su valor. Su sumisión estaba también de acuerdo con el orden divino - La instrucción de Dios.

La sumisión requiere humildad, no ser humillado, pero humildad en el sentido de ser humilde; poder aceptar instrucciones de tu líder (esposo). También requiere poder confiar en el espíritu de Dios y escuchar su voz. Por encima de todo se necesita la oración. Aunque Dios ordena la sumisión, todavía tenemos nuestro libre albedrío. La elección es nuestra para hacer, y por lo tanto, cualquier castigo o recompensa por nuestra acción se imparte en consecuencia. Cuando una esposa se somete a su esposo, ella honra a Dios, y en su obediencia, Él la bendice a ella y a su familia. Una mujer debe querer que su hogar sea bendecido, ¡esa bendición viene de su obediencia!

¿Alguna vez has visto un hogar donde la esposa administre todo, y el marido simplemente se siente? Ese hogar no sólo no tiene orden divino, sino que en la mayoría de las veces está sumergido en el caos. ¿O qué hay sobre la casa donde la esposa va a trabajar mientras el marido se queda en casa? Esto también está fuera del orden divino. El hombre/marido es responsable del cuidado de su familia - él fue hecho para el trabajo. La mujer fue hecha para cuidar de su marido y asegurarse de que cuando regrese a casa, él esté viniendo a un entorno donde se sienta apreciado y amado. Esto no quiere decir que una mujer no pueda trabajar, pero ese no fue el fin para el que fue creada. Incluso en esto, si el marido no quiere que su esposa trabaje fuera de la casa, ella debería ser sumisa a lo que pide, porque en lo que pide él es más que probable que ya solicitó orientación a Dios.

Como mujeres, debemos ser muy cuidadosas con nuestra renuencia a ser sumisas, a veces incluso cuando no parece tener sentido para nosotras. En nuestra vida diaria, habrá ocasiones en que esto va a suceder, pero sabemos lo que nos han mandado a hacer. ¿Preferirías seguir lo que Dios te ha pedido en lo que a tu marido se refiere, o preferirías enfrentar su ira porque no lo hiciste?

Piensa en el tiempo de Adán y Eva. Eva no era sumisa a su marido o Dios cuando ella desobedeció y comió el fruto del árbol prohibido. Debido a su desobediencia, retiraron a su familia del paraíso y comenzó la caída de la humanidad. Uno podría creer que no podría haber sido tan difícil simplemente obedecer esa regla. Pero su falta de un corazón sumiso provocó una cadena de eventos que podrían haberse evitado tan fácilmente. A partir de este ejemplo, puedes ver lo que sucede en las circunstancias más extremas cuando una mujer se niega a ser sumisa. Aun así, Adán tuvo la opción de reprender a su esposa y seguir el mandato de Dios. ¡¡Pero él no lo hizo!! Hemos visto lo que sucedió cuando su esposa tomó la iniciativa en su lugar: ¡el caos!

Algunas personas pueden decir que la sumisión es como ser un esclavo; pero piénsalo, un esclavo debe servir - no elegir. También piensa sobre esto - como la esposa debe ser sumisa a su marido, también lo debe ser el esposo con Dios. ¿Es él entonces considerado como esclavo de Dios? Después de todo, él también tiene el libre albedrío para tomar la opción si obedecer o no los mandamientos de Dios. Cuando piensas en la sumisión de esta manera, puedes ver que simplemente significa respeto por lo que está por encima de ti, y al hacerlo, trae paz y armonía a lo que debería ser una máquina bien engrasada. El matrimonio prospera cuando opera de acuerdo con el orden divino.

¡Las mujeres que se mantienen en orden cosechan las bendiciones del cielo!

Escrituras de referencia:
Salmo 40:8; Lucas 22:42; Colosenses 3:18;
1 Pedro 5:6; Mat. 8:4-10; Mateo 26:39;
Heb. 13:17; 2 Juan 1:6; Tito 2:5; Rom. 13:1;
Mateo 4:3-4; Ef 5:21-33; Santiago 4:7

Considera los siguientes ejemplos:

Jane

El marido de Jane es un ministro de una iglesia grande. Debido a la posición que ocupa él entiende que su familia estaría bajo un microscopio y todo lo que ellos hagan podría ser escudriñado. Jane no cree que una esposa deba ser sumisa y ni siquiera le gusta escuchar o usar esa palabra. Jane a menudo es combativa con su esposo frente a los miembros de la congregación y no parece entender que esto socava no solo la posición que ocupa, sino que también dificulta que otros respeten y sigan sus enseñanzas. Después de todo, si no puede controlar su propia casa, ¿cómo puede esperar liderar?

Piensa en esto:

❖ Considerando la posición que el marido de Jane posee, ¿cómo debe acercarse a una conversación con ella acerca de la sumisión?

❖ ¿Qué dice su falta de sumisión acerca de su matrimonio? ¿Qué efecto podría tener esto en las mujeres en su congregación?

Deidra

Deidra ha estado casada durante nueve años. Ella trabaja fuera de la casa, pero su marido no trabaja en absoluto. Tienen tres hijos y a menudo tienen que luchar para mantener las finanzas del hogar. Ella se considera a sí misma una esposa sumisa, pero considera que es difícil seguir la estela de un marido que ella no considera ser un líder. Deidra es obediente a la palabra y cree que Dios va a darle vuelta a las cosas en su debido momento.

Piensa en esto:

- ♦ En el caso de Deidra ella está intentando ser sumisa a un marido que no está trabajando como cabeza del hogar como debe ser. ¿Qué debe hacer?
- ♦ Qué dice la Biblia acerca de un hombre que no trabaja? ¿Él está siendo obedientes a Dios?
- ♦ ¿Qué lección piensas que sus hijos están recibiendo de los ejemplos que están poniendo sus padres?

María

Mary es una mujer soltera que espera tener un futuro esposo con quien construir una vida. Ella quiere a un hombre que ame a Dios, que la trate como la Biblia dice que debe ser tratada y que enseñará a sus futuros hijos en los caminos de la Palabra. María reconoce que cuando Dios envíe a este hombre por su camino, habrá formas en las que debe conducirse para que el matrimonio prospere como un matrimonio piadoso.

Piensa en esto:

- ¿Cuáles son algunas de las cosas que María debe hacer para alinearse para el futuro marido por el que está orando?

- ¿Ser sumisa también se aplica en la vida de soltera?

Capítulo 5

Cómo Dios obtiene la gloria

Cuando seguimos el orden divino que Dios ha establecido en su palabra, nuestro hogar y familia son bendecidos. Podemos vivir la vida al máximo porque lo estamos complaciendo. Dios ordenó el matrimonio; ¡Él ama el matrimonio! El día en que camines por el altar y se comprometan a amar y cuidar el uno al otro, te embarcas en lo que debería ser una vida de compromiso no sólo entre tú misma sino con él. Haces un voto con él y firmas un contrato invisible con él y tu esposo.

La rendición de cuentas y la sumisión a Dios dice que tú lo honras lo suficiente para seguir el orden divino. Estableces el ejemplo para las generaciones futuras y les muestras que son posibles los matrimonios piadosos y al hacerlo querrán honrar a Dios de la misma manera que tú. No siempre será fácil ser sumisa, pero debemos hacerlo. Ora por fortaleza y pide perdón cuando te quedes corto. No siempre será fácil rendir cuentas, pero de nuevo, debes hacerlo.

Dios obtiene la gloria a través de nuestra obediencia y disposición para hacer lo que Él ordena. Él conoce nuestros corazones y entiende nuestras luchas. El matrimonio no es fácil, pero tampoco lo es la vida a veces. Por eso, cuando elegimos a nuestros cónyuges, debemos consultar a Dios primero, mantenerlo primero y orar continuamente. No solo quieres un buen matrimonio, quieres un matrimonio próspero, así que hombres, ¡sean hombres! ¡sean responsables! Mujeres - ¡sean sumisas! ¡Te sorprenderá lo bendecida que será tu unión!

Piensa en esto:

✦ ¿Cuáles son algunas de las cosas que necesitas cambiar en tu matrimonio que traerá más gloria a Dios?

www.ingramcontent.com/pod-product-compliance
Lightning Source LLC
Chambersburg PA
CBHW060622070426
42449CB00042B/2473